LE

MEXIQUE ET L'EUROPE

OU

Exposé de la Situation actuelle du Mexique et des dangers qui peuvent en résulter pour l'Europe si elle ne prend des mesures efficaces pour y remédier.

PARIS,

IMPRIMERIE DE A. APPERT,

54, Passage du Caire.

—

1847

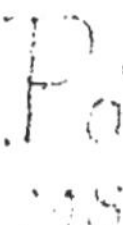

LE MEXIQUE ET L'EUROPE.

Lorsqu'au mois de novembre 1844 le général Paredès, d'accord avec un parti puissant qui s'était formé au sein du Congrès, annonça de Guadalaxara, l'intention d'affranchir le pays du despotisme de Santa-Anna, toutes les populations des grandes villes sympathisèrent avec cette généreuse résolution; mais elles ne purent faire connaître simultanément leurs vœux, et elles durent attendre le moment où la capitale, moins gênée dans ses mouvements par l'éloignement de Santa-Anna et des troupes qui lui étaient dévouées, fût en état de donner l'élan aux départements.

Cette heureuse occasion ne tarda pas à se présenter. Santa-Anna se mit en marche pour aller combattre Paredès. Parti de l'Encero avec toutes les troupes dont il pouvait disposer, il ne s'arrêta que peu de jours à Guadalupe, près de Mexico, et continua sa route sur Queretaro. Il put dès lors s'assurer de la haine qu'inspirait son administration.

Pendant qu'il marquait son passage par des actes d'un despotisme sans exemple, il ordonna au général Canalizo, qui lui était tout dévoué, de dissoudre le Congrès. Ce coup d'état accéléra le mouvement qui se préparait depuis quelque temps à Mexico. Un pronunciamento éclata dans la capitale, le 5 décembre 1844. Il eut un plein succès.

Il serait inutile de s'appesantir sur des faits généralement connus. Le général Santa-Anna fut renversé et banni ; une nouvelle administration se forma sous la présidence du général Herrera.

Dès son origine, cette administration montra une faiblesse qui devait la conduire à sa perte. Appelée à consolider le système de centralisation qui, depuis 1836, avait succédé au fédéralisme, elle fut effrayée de l'ardeur avec laquelle les fédéralistes attaquaient ses actes ; elle ménagea tellement les hommes influents de ce parti qu'elle fut bientôt débordée et hors d'état de résister à leurs prétentions.

Tandis qu'elle cédait ainsi, sans même essayer de résister, l'ancien parti monarchiste, qui s'était vu contraint de se fondre dans le parti centraliste, après la chûte d'Iturbide, et qui d'ailleurs s'était résigné, de très bonne foi, au système républicain dans l'espoir sans doute que le pays pourrait s'organiser d'une manière stable sous l'empire de ce système, crut devoir sortir enfin de sa longue léthargie. Les membres épars de ce parti se rapprochèrent, et, après s'être concertés, ils crurent que le moment était arrivé où leurs vœux pourraient enfin se réaliser. Il fallait se hâter pour prévenir les fédéralistes. Une nouvelle révolution éclata. Le général Paredès rallié au parti monarchique, en fut l'instrument actif. Le gouvernement du général Herrera fit place à celui de Paredès. Le manifeste que publia ce dernier ne laissa aucun doute sur ses intentions. Tout en abandonnant à une assemblée constituante la faculté de déterminer le mode de gouvernement qui devait désormais régir le pays, ce manifeste indiquait clairement que la monarchie pouvait seule le sauver de l'anarchie, lui assurer le repos dont il avait besoin et la prospérité dont il possède les éléments.

Le Mexique avait dès lors un devoir à remplir comme membre de la grande famille des nations, mais il ne pouvait l'accomplir sans le concours des gouvernements étrangers, et de là naissait pour l'Europe un devoir aussi, mais de plus la nécessité de venir en aide au Mexique.

Le parti monarchique avait osé se déclarer. Il institua un journal, publia ses désirs et ses vues, et fit en peu de temps de grands progrès. Composé des hommes les plus respectables par leur moralité et leur position sociale, de la généralité du clergé, et de citoyens éclairés par l'expérience du passé, ce parti voulait se rattacher à l'Europe par un lien qui lui offrît des garanties d'avenir. Il se flattait d'obtenir facilement pour souverain le rejeton d'une des grandes maisons de l'Europe. L'intérêt réciproque semblait justifier cette espérance. Consolider les institutions sociales au Mexique, c'était consolider les relations commerciales entre l'Ancien et le Nouveau-Monde, c'était donner des garanties aux nombreux capitaux engagés dans les mines du Mexique, c'était en un mot mettre un terme aux révolutions si fatales dans les transactions lointaines, c'était enfin fermer la porte aux abus qui occasionnaient de si fréquents débats entre les puissances étrangères et les gouvernements éphémères dont le Mexique subissait périodiquement le joug.

Mais cette transformation, le parti monarchique ne pouvait l'opérer seul. Il lui fallait le concours de l'Europe, et tout semblait préparé pour le succès d'une bienveillante et amicale intervention. La crise qui venait d'amener Paredès au pouvoir avait été longtemps souhaitée par tous les amis des principes réparateurs tant en politique qu'en religion. Ils étaient convaincus que l'exemple du Mexique aurait une immense portée, et qu'après vingt-cinq années d'anarchie, l'établissement d'une monarchie indépendante dans l'ancienne patrie des Aztèques serait suivi d'institutions semblables dans tous les Etats autrefois soumis à la domination espagnole.

Le sentiment monarchique refoulé depuis longtemps dans leur cœur, avait enfin éclaté. Ne pouvant se résigner à la triste persuasion que la société qui devait servir de modèle à l'Amérique fût prédestinée à périr misérablement lorsqu'elle avait à peine vu le jour, ces amis de l'humanité tournaient leurs regards suppliants vers l'Orient ; ils lui demandaient assistance ; ils lui disaient :

« Hâtez-vous ; l'heure est propice ; c'est votre
« propre intérêt qui vous appelle à en profiter ;
« intérêt politique, intérêt commercial, intérêt de
« principe, de moralité ; intérêt d'humanité ; venez
« et vous trouverez tout préparé pour le succès
« de cette noble entreprise. »

Le Mexicain qui désirait le bien-être de son pays faisait avec ferveur cet appel à l'Europe.

Il comprenait en effet que le temps pressait ; il lui en coûtait sans doute d'avouer qu'il ne pouvait se délivrer, sans l'appui de l'Europe, du principe dissolvant qui dévorait l'existence de sa patrie ;

mais la vérité parlait plus haut que la vanité, et il était forcé de faire cet aveu. Le Mexique se trouvait réduit, par sa faiblesse, à réfléter la forme de gouvernement de la puissance qui aspirait à l'absorber, si les souverains européens ne lui prêtaient point leur appui. Il demandait à être sauvé de lui-même d'un voisin dont les envahissements ne connaissent point de bornes, qui semble vouloir s'ériger en dominateur de l'Amérique, et qui déjà a lancé des décrets d'exclusion contre les nations de l'Europe.

Ce danger d'une part, de l'autre les graves intérêts de l'Angleterre, de la France, de l'Espagne et de l'Allemagne, dans la conservation d'un marché qui, en retour du mouvement commercial et industriel de ces divers pays, verse tous les ans vingt millions de piastres pour alimenter les fabriques européennes, devraient éveiller l'attention des hommes d'État. Car si le Mexique cessait d'être ce qu'il est aujourd'hui, un État indépendant, s'il n'obtenait point un gouvernement stable et désormais à l'abri des révolutions, si en un mot les mines cessaient leurs travaux, par suites des excès de l'anarchie, ou si ces mines tombaient entre les mains des États-Unis, l'Europe n'en recevrait plus les produits, et la privation annuelle d'une somme aussi considérable causerait une grande perturbation dans les relations industrielles du continent européen.

Ce n'est donc pas en vain que les hommes dévoués au système monarchique se persuadent que les gouvernements de l'Europe sont intéressés à la réalisation de leurs vœux, et qu'ils réclament leur concours.

L'Angleterre, l'Espagne, la France, l'Allemagne sont toutes appelées à venir au secours du Mexique. Pour la plupart de ces puissances la question de l'esclavage se mêle aux questions politiques et commerciales. L'esclavage est aboli au Mexique; il y reviendrait avec les Américains, comme il est revenu au Texas avec les colons des États-Unis.

De quoi s'agit-il donc pour régénérer le Mexique, pour en faire un membre utile de la grande famille des nations?

Il s'agit d'abord d'un concert cordial entre les

puissances les plus intéressées dans cette grave question, d'une volonté bien arrêtée, et de moyens d'exécution faciles à organiser.

Le concert des puissances ne semble présenter aucune difficulté, mais jusqu'ici chacune d'elles a hésité à prendre l'initiative, de crainte de ne point trouver des dispositions favorables, et de faire une demande inutile. Mais tous ceux qui par leur position se sont occupés des questions mexicaines ont facilement reconnu qu'il y avait dans les gouvernements de l'Europe, dont les sujets ont des intérêts au Mexique, une tendance à favoriser des combinaisons propres à amener dans ce pays malheureux un état de choses offrant des garanties à ces mêmes intérêts. Il n'est donc pas permis de douter que si les puissances les plus intéressées dans cette question, l'Angleterre et la France, faisaient la proposition d'une conférence à Londres pour régler la politique commune des puissances relativement au Mexique, elle serait accueillie sans objection ; car il ne s'agit point ici d'une usurpation ni d'une conquête au profit d'une puissance européenne ; il ne s'agit point pour le Mexique de trafiquer de son indépendance comme l'a fait le Texas ; il s'agit au contraire de consolider cette indépendance et de lui donner des garanties de durée par des institutions sages et stables, par un ordre de choses permanent. Or, cet ordre de choses dépend de la forme de gouvernement qu'il convient de donner au Mexique, et cette forme de gouvernement ne peut être que la monarchie.

C'est ce que l'auteur de cet écrit pourra démontrer facilement à la conférence, aussitôt qu'elle sera rassemblée.

Cette nécessité étant admise comme une vérité, il s'agirait aussi, pour la conférence, de fixer son choix sur le prince qui pourrait être appelé à établir sa dynastie au Mexique. Ici, l'on ne se permettra aucune indication. Des considérations de diverses natures peuvent être mises en avant pour tel ou tel candidat ; des circonstances peuvent aussi influer sur le choix qu'il convient de faire.

Un autre point qui occupera sans doute aussi la conférence, ce sera l'exécution de ses déterminations. Ceci paraissait grave il y a quelques mois, quoique des hommes qui connaissent le pays eussent plus d'une fois signalé les facilités que l'on rencontrerait dans les moyens d'exécution ; mais aujourd'hui , et en présence des succès faciles qu'obtient la petite armée du général Taylor, il est démontré que si l'établissement d'un gouvernement stable au Mexique exige absolument l'appui de l'Europe, de grands efforts ne sont pas nécessaires pour réaliser cet appui , attendu surtout qu'ils auraient l'assentiment et l'assistance de la majorité de la nation. Cette majorité ne tarderait pas à reconnaître qu'au lieu d'être hostile au Mexique et de menacer son indépendance ou l'intégrité de son territoire, les puissances européennes n'auraient d'autre but que de procurer à ce pays les moyens réels de garantir sa nationalité et d'assurer sa prospérité, de l'aider à établir dans son sein la forme de gouvernement qui paraît le plus lui convenir, après le malheureux essai fait pendant vingt-cinq ans de la forme républicaine , modifiée de toutes les manières. On peut encore se réserver de fournir à cet égard des informations précises, et qui ne laisseraient aucun doute dans l'esprit des gouvernements.

Nous venons de parler des succès de la petite armée américaine qui a envahi le nord du Mexique. Elle s'est emparée de Monterey, la capitale de *Nuevo Leon ;* elle ne tardera pas à atteindre Saltillo, et alors elle aura un pied dans les districts des mines ; elle dominera la route de *Catorce,* et de San Luis de Potosi, et Tampico tombera entre les mains des États-Unis, aussitôt que l'escadre américaine fera une démonstration sur les côtes de Tamanlipas. Malheur à l'Europe quand les Américains seront au cœur des districts des mines ! Elle sera privée tout d'un coup des vingt millions de piastres (cent millions de francs) que le Mexique verse tous les ans sur ses marchés. Que l'on calcule les conséquences funestes de cette privation !

Que l'Europe ouvre donc les yeux ! Qu'elle comprenne tout ce qu'elle a à perdre en abandonnant le Mexique à l'anarchie qui le dévore, et à la dissolution qui marche à sa suite ! Tout ce qu'il y aurait

d'odieux à laisser rétablir l'esclavage par les Américains !

Qu'elle aperçoive la perturbation que jetterait
dans son industrie la conquête des mines par les
Américains ! Ceux-ci en appliqueraient les produits aux vastes entreprises intérieures auxquelles
ils se livrent ; ils détourneraient ces produits de la
destination qu'ils ont eue jusqu'ici, qui était d'alimenter les capitaux européens, de baisser le taux
de l'intérêt de l'argent, et conséquemment de con-
tribuer à la prospérité des fabriques.

Quel dommage que quelques étincelles de cet
enthousiasme qui se manifeste en faveur de la
Pologne, que ce désir de rendre la vie à un corps
que l'on considère comme mort ne soit employé
à consolider l'existence du Mexique, à affermir une
nationalité pleine de vie ! C'est ici qu'il faudrait
prévenir l'application de cet adage trop funeste
pour les états faibles : « C'est un fait accompli. »

Si la question de la Pologne est une question politique, il existe également une question politique au
Mexique ; il y existe en outre une question d'intérêt

matériel actuel, intérêt qui deviendra plus important dans un avenir prochain. De même qu'en Europe, il y a en Amérique un colosse dont il faut prévenir les empiètements. De même qu'il y a une *question d'Orient,* il doit y avoir une *question d'Occident,* et aujourd'hui tout se touche grâce à la vapeur.

Il faudrait agir lorsqu'il en est encore temps, et ne pas s'exposer à déplorer stérilement plus tard ce qui aisément peut être empêché. Il ne faut pas que l'on puisse venir proclamer à la face du monde un nouvel acte de faiblesse ou d'imprévoyance en s'écriant : « C'est un fait accompli ! ! ! »

L'Europe, nous le répétons en terminant, a donc un intérêt puissant à sauver le Mexique, et à lui procurer un ordre social stable. Cela veut dire, en d'autres termes, que dans son propre intérêt, l'Europe doit aider le Mexique à établir la forme du gouvernement qui doit produire cet heureux résultat.